AF246115

MODÈLES D'ANALYSES

A L'USAGE

DES ÉLÈVES

DU COLLÉGE DE SAINTES.

Prix : 80 centimes.

SAINTES
TYPOGRAPHIE D'ALEX. HUS
Imprimeur de la Sous-Préfecture et de la Mairie
1857

ANALYSE GRAMMATICALE.

TABLEAU A.

L'ANALYSE GRAMMATICALE rend compte de *chaque mot* employé dans la proposition.

SI CE MOT EST :

NOM, elle dit. . . .

I.
- s'il est :
  - propre.
  - commun.
  - collectif.
  - partitif.
  - défectif.
  - abstrait.
  - général.
  - composé.
- s'il est :
  - sujet.
  - complément. — direct. / indirect. / déterminatif.
  - attribut.
  - apposé.
  - appellatif.

II.
- le genre.
- le nombre.
- la fonction.
- le cas / la déclinaison } en Grec et en Latin.

ARTICLE, elle dit s'il est

I.
- simple.
- élidé.
- contracté.

II.
- singulier.
- pluriel.

ADJECTIF, elle dit.

I.
- s'il est déterminatif. —
  - possessif.
  - démonstratif.
  - numéral — cardinal. / ordinal.
  - indéfini.
- s'il est qualificatif. —
  - positif.
  - comparatif.
  - superlatif.

II.
- le genre.
- le nombre.
- l'accord.
- le cas. — en Grec.
- la classe. — en Latin.

ADVERBE, elle dit.
- 1° la nature du mot.
- 2° le mot modifié.

CONJONCTION, elle dit.
- 1° la nature du mot.
- 2° les mots unis.

Suite du TABLEAU **A.**

L'ANALYSE GRAMMATICALE rend compte de *chaque mot* employé dans la proposition.

SI CE MOT EST :

PRONOM, elle dit. . .

I. s'il est
- . . . . personnel
- . . . . indéfini
- . . . . conjonctif

} sujet ou complément.

II.
- . . . . le genre
- . . . . le nombre.
- . . . . la fonction.
- . . . . le cas { en Latin. / en Grec.

VERBE, elle dit. . .

I.

1° en Français, s'il est. .
- substantif.
- auxiliaire.
- transitif direct { voix active. / voix passive.
- transitif indirect.
- intransitif.
- réfléchi { pur, absolu ou essentiel. / accidentel.
- défectif.
- unipersonnel { essentiel. / accidentel. / réfléchi.

2° en Latin, s'il est. . .
- substantif.
- auxiliaire.
- transitif direct { voix active. / voix passive.
- transitif indirect.
- défectif.
- unipersonnel { essentiel : *oportet, etc.* / accidentel : *dicitur, etc.*

3° en Grec, s'il est. . . .
- substantif.
- auxiliaire.
- transitif { actif. / passif. / moyen.
- défectif.
- unipersonnel { essentiel. / accidentel.

II. . . . .
- la personne.
- la fonction { sujet. / complément.
- le temps.
- le mode.
- la voix.
- les temps primitifs.
- la conjugaison.
- le modèle.
- la composition, surtout en { Grec. / Latin.

PARTICIPE, elle dit.

I. { le cas. / la classe. / le genre. / le nombre. } { en Grec. / en Latin. }

II. s'il est { variable / invariable } avec raison de cette circonstance en Français.

PRÉPOSITION, elle dit. { 1° la nature invariable du mot. / 2° les mots mis en rapport.

INTERJECTION, elle dit { 1° la nature invariable du mot. / 2° l'emploi de ce mot.

Suite du TABLEAU **A.**

1° Sont admis comme. . .	Pronoms personnels indéfinis. .	on { le plus souvent masculin. / quelquefois en accord avec l'idée. quelqu'un. quiconque. autrui. celui-ci, ceux-ci. celui-là, ceux-là. celle-ci, celles-ci. celle-là, celles-là. ce (mis pour celui-ci, celle-ci, ceux-ci, celles-ci....)
	Pronoms personnels.	je, me, moi, nous. tu, te, toi, vous. il, elle, { soi, y, en. ils, elles,
	Pronoms conjonctifs.	qui, que. dont, où.
	Pronoms d'objet.	ce (mis pour cela). le (mis pour cela). y. en. le mien, la mienne, le nôtre, etc. le tien, la tienne, le vôtre, etc. le sien, la sienne, le leur, etc.
	Substantif.	rien.
2° Sont admis en Français des	comparatifs { d'égalité. / de supériorité. / d'infériorité. superlatifs { relatifs. / absolus.	
3° L'adverbe dans les *trois* langues a des. . . .	positifs. comparatifs. superlatifs.	

4° Seront employées les dénominations de *Compléments* dans les trois langues.

5° L'article est admis comme déterminant ou concourant à déterminer le substantif ou l'expression substantive qu'il précède.

6° DES ou DE dans ces sortes de phrases : **DES** *voleurs ont pillé la maison*, est considéré comme *adjectif indéfini*; il est employé pour *quelques* (quelques voleurs ont, etc.) Il est *déterminatif*.

7° CE, est pronom personnel dans cette phrase et ses analogues : *c'est ma sœur*: c'est-à-dire, celle-ci est ma sœur.

8° CE, est pronom d'objet, comme : *c'était écrit*, c'est-à-dire, cela (la chose dont il a été question) était écrit.

ANALYSE GRAMMATICALE.

TABLEAU **B.**

MODÈLES D'ANALYSES.

1° ANALYSE FRANÇAISE.

PHRASE. De grands Capitaines, dont on prononce les noms avec orgueil, ont illustré partout notre France, qui est la plus brillante des nations, il faut l'avouer.

DE	(DE mis pour *quelques*) adj. indéfini, masc. plur. détermine *capitaines.*
GRANDS	adj. *qualificatif*, masc. plur., modifie *capitaines.*
CAPITAINES,	nom commun, masc. plur., sujet de ont illustré et antécédent de *dont.*
DONT	pronom *conjonctif*, masc. plur., complément *déterminatif* du subst. *noms.*
ON	pronom personnel indéfini, masc. sing., sujet du verbe *prononce.*
PRONONCE	3e pers. sing., présent indic., transitif direct, voix active, de prononcer, ant, é, je prononce, je prononçai, 1re conj^on, sur aimer.
LES	art. simple, masc. plur., concourt avec *dont* à déterminer le subst. *noms.*
NOMS	nom commun, masc. plur., complément direct du verbe *prononcer.*
AVEC	préposition, mot invariable unissant *orgueil* et *prononce.*
ORGUEIL	nom commun, masc. sing., complément de la prép. *avec* et modifiant *prononcer.*
ONT	3e pers. plur. présent indic., auxiliaire, d'avoir, ayant, eu, j'ai, j'eus, 3e conj^on, sur recevoir.
ILLUSTRÉ	part. passé, masc. sing., voix passive, d'illustrer, ant, é, j'illustre, ai, 1re conj^on, sur aimer ; invariable, le complément étant *après.*
	Ces deux verbes réunis forment le prét. indéf. du *v. transit. direct,* illustrer.
PARTOUT	adverbe ; mot invariable, modifiant, *ont illustré.*
NOTRE	adj. poss., fem. sing., détermine le mot *France.*
FRANCE,	substantif propre, fem. sing., complément direct du verbe *ont illustré,* antécédent de *qui.*
QUI	pronom conj., fem. sing., sujet de *est.*
EST	verbe subst., 3e pers. sing. présent indic., d'être, étant, été, je suis, je fus, 4e conj^on, sur rendre.
LA	art. simple, fem. sing.
PLUS	adv. de quantité, mot invariable et modifiant brillante.
BRILLANTE	adj. qualific., fem. sing., modifiant *nation* s.-entendue.

Ces trois mots réunis forment un superlatif relatif.

DES	art. contracté mis pour *de les.* — DE, préposition. LES, art. simp., f. pl., concourt à déterminer nation.
NATIONS,	subst. com., fem. plur., complément *déterminatif* de *nation* sous-entendue.
IL	pron. pers., masc. sing., sujet *apparent* du verbe *faut.*
FAUT	verbe unipersonnel essentiel, 3e pers. sing., présent indic. de falloir, fallant, fallu, il faut, il fallut ; 3e conj^on, sur recevoir.
L'	pronom d'*objet*, 3e pers., masc. sing., complément direct d'avouer.
AVOUER	présent infinitif d'avouer, ouant, oué, j'avoue, j'avouai, transitif direct, 1re conj^on, sur aimer, *sujet réel* (avouer est nécessaire.)
HAUTEMENT.	adverbe, mot invariable, modifiant *avouer.*

2° ANALYSE LATINE.

PHRASE : *Rarò quemquam alium, Patriam exilii causâ relinquentem, magis mœstum abisse ferunt, quàm Annibalem hostium terrâ excedentem.*

RARÒ   adverbe, mot invariable, modifiant *mœstum.*

QUEMQUAM   acc. sing., complément direct de *ferunt* et sujet d'*abisse*, pronom personnel, masc. sing., de *quisquam, quæquam, quodquam*, se déclinant sur *quis, quæ, quod* ; R. *credo Deum esse sanctum.*

ALIUM   acc. sing., s'accordant avec *quemquam*, adj. qualif. masc. sing., venant de *alius, a, ud* ; R. *Deus sanctus.*

PATRIAM   acc. sing., complément de *relinquentem*, de *patria, æ,* subst. comm. fem. sing., sur *rosa, rosæ,* 1re décl^{on} ; R. *amo Deum.*

EXILII   génit. sing., complément déterminatif de *causâ*, d'*exilium, ii*, subst. comm. neutre sing., sur *templum, i*, 2e décl^{on} ; R. *liber Petri.*

CAUSA   ablatif sing., complément circonstantiel de *relinquentem*, de *causa, æ,* subst. comm. fem. sing., sur *rosa, æ,* 1re décl^{on} ; R. *vincis formâ.*

RELINQUENTEM   acc. sing., complément de *quemquam* ; participe présent masc. sing., de *relinquo, is, reliqui, relictum, relinquere,* 3e conj^{on}, sur *legere* ; R. *gallus escam quærens margaritam reperit.*

MAGIS   adverbe de comparaison, mot invariable, modifiant *mœstum.*

MŒSTUM   acc. sing., s'accordant avec *quemquam*, adj. qualif. masc. sing., de *mœstus, a, um,* 1re classe ; R. *Graculus rediit mœrens.*

ABISSE   parf. infinitif, compl. direct de *ferunt* ; composé de la préposition *ab* et de *isse*, verbe intransitif, d'*abeo, es, ivi, itum, ire,* sur *eo* ; R. *tibi dixi Phædrum fuisse servum.*

FERUNT   présent indic., 3e pers. plur., de *fero, fers, tuli, latum, ferre ;* (sous-entendu *homines*); transitif direct irrég. ; R. *narrant, ferunt, memorant, perhibent.*

QUAM   conjonction, mot invariable, unissant *quemquam* et *Annibalem.*

ANNIBALEM   accus. sing., complément de *ferunt* et sujet d'*abisse* sous-entendu ; d'*Annibal, alis,* nom propre, masc. sing., sur *soror, is,* 3e décl^{on} ; R. *tibi dixi Phædrum fuisse servum.*

HOSTIUM   génitif sing., complément déterminatif de *terrâ* ; d'*hostis, hostis,* nom comm. masc. plur., sur *avis, is,* 3e déclinaison.

TERRA   ablatif sing., complément circonstantiel d'*excedentem*, de *terra, æ,* nom com. fem. sing., sur *rosa, æ,* 1er décl^{on} ; R. *question Undè.*

EXCEDENTEM   accus. sing., complément d'*Annibalem* ; part. prés. masc. sing., de *excedo, is, cessi, cessum, excedere* ; composé de la préposition *ex* et de *cedere*, intransitif, sur *legere*, 3e conj^{on} ; R. *gallus escam quærens margaritam reperit.*

ANALYSE LOGIQUE.

TABLEAU **A.**

1° PRINCIPES GÉNÉRAUX.

1° L'Analyse logique s'occupe, non des mots pris individuellement, mais des mots en tant que composant une *phrase*. Ces mots ainsi combinés forment ce qu'on appelle une *Proposition*.

2° Toute proposition se compose de trois mots essentiels : *un nom, un verbe, un attribut*.

3° Un nom et un attribut, unis par un verbe, prennent le nom de *Jugement*.

4° Il y a deux sortes de verbes :
- 1° Le verbe *être*, dit verbe *essentiel*.
- 2° Le verbe *attributif*, parcequ'il renferme le verbe *être* et un *attribut*.

5° La proposition est l'*énoncé du Jugement*.

6° Dans une phrase on compte autant de *propositions* qu'il y a de verbes à un *mode personnel*.

7° La langue grecque et la langue latine admettent une exception ; chez les Latins, c'est la proposition dite *ablatif absolu* ; chez les grecs, c'est celle dite *génitif absolu*.

8° On distingue deux sortes de sujets et deux sortes de compléments,
- Sujet : simple. / logique.
- Complément : simple. / logique.

9° Les Grecs et les Latins ont aussi des propositions dites *infinitives*.

2° DES PROPOSITIONS.

Les Propositions sont :

- absolues.
- Principales.
- relatives.
- secondaires :
  - explicatives.
  - déterminatives.

  reconnaissables par : dont, qui, que (Pronom relatif.) / si, afin que, de peur que, pour peu que. / où, quand, comme, etc.
- coordonnées, reconnaissables par : or, ainsi, donc; / et, ou, ni, car, mais; / par la virgule ou le point-virgule.
- subordonnées, reconnaissables par : La conjonction *Que* placée entre *deux propositions* qu'elle unit et qui, prises isolément, n'ont pas de sens indépendant, mais qui se complètent l'une par l'autre ; et par l'adverbe *combien*.
- Elliptiques.
- Implicites.

3° DES SUJETS ET DES ATTRIBUTS.

Les Sujets et les attributs sont :

- 1° Les sujets. . . . . :
  - simples.
  - composés.
  - complexes.
  - incomplexes.
- 2° Les attributs. . . . . :
  - simples.
  - composés.
  - complexes.
  - incomplexes.

NOTA. — Par *Sujet* et *complément logiques* on entend tout ce qui fait partie du sujet ou du complément.

ANALYSE LOGIQUE.

TABLEAU **B.**

MODÈLES
Des différentes espèces de Propositions.

PROPOSITIONS

Absolues. . . .
- La mer est calme.
- L'orage gronde.
- Travailler est nécessaire.
- Un sauve-qui-peut a été crié dans tous les rangs ennemis.

Principales. . .
- La *Justice est divine ; on lui doit du respect.*
- La *mort est un malheur ; donc tout homme est malheureux.*

Coordonnées. . .
- La mort est un malheur ; *donc tout homme est malheureux.*
- L'éclipse eut lieu, *et les soldats n'en furent pas effrayés,* etc., etc.

Relatives. . . .
- Je vous enverrai un livre, *si vous le désirez.*
- Enée vint en Italie *où il forma un royaume.*
- Je ne vous avais pas confié cet argent pour *que vous l'enfouissiez.*
- Tu n'avais pas fini ton devoir, *quand le maître est venu,* etc., etc.

Secondaires. . .

    Explicatives. . . .
- La charité, *qui produisit en tous temps des merveilles,* est une vertu toute chrétienne.
- Le ciel, *dont nous admirons la splendeur,* est l'œuvre de la puissance de Dieu.
- Jésus-Christ, *que les Juifs ont méconnu,* est le Messie prédit par les Prophètes.
- Dieu, *qui a semé les mondes dans l'espace,* nous tiendra compte d'un verre d'eau donné en son nom, etc., etc.

    Déterminatives. . .
- La chaleur *que nous ressentons aujourd'hui* est accablante.
- L'homme à *qui j'ai confié mon secret* m'a trahi.
- Enée fuyait Troie *qui avait été prise.*
- Les dangers *où je cours* sont assez redoutables, etc., etc.

Subordonnées.
- Je vous ai dit *que Phèdre était esclave.*
- Nous savons *que la terre est ronde.*
- Nous voudrions *que le monde se réglât au gré de nos caprices.*
- Je pense *que vous triompherez de vos ennemis à force de patience,* etc., etc.

Elliptiques. . .
- Mon frère court à la hache ; moi, aux pompes.
- Turenne mourut comme un héros.
- Le cygne a le cou, ainsi que la tête, couvert de duvet.
- En joue, feu ! — A bon entendeur, demi-mot.

Implicites. . .
- Hélas ! holà !
- Eh ! hé !
- Ah !
- Oh ! ouf ! etc., etc.

Suite du TABLEAU B.

II.
MODÈLES D'ANALYSE.

I° ANALYSE FRANÇAISE.

1re PHRASE : Notre âme est immortelle.

Cette phrase renferme *une* proposition, laquelle proposition est *absolue.*
Absolue, parcequ'elle a par elle-même un sens complet et indépendant.

ABSOLUE —
- Notre âme, sujet. — simple, parcequ'il n'est exprimé que par un seul nom commun. / complexe, parcequ'il a pour complément déterminatif NOTRE.
- est, verbe.
- immortelle, attribut. — simple, parcequ'il n'est exprimé que par un seul modificatif. / incomplexe, parcequ'il n'a pas de complément.

2e PHRASE : La colère est un vice ; nous devons le combattre.

Cette phrase renferme *deux* propositions :
1° Une Principale : *la colère est un vice ;*
2° Une Relative : *nous devons le combattre.*

1° *Principale,* parcequ'elle ne dépend d'aucune autre et qu'elle est suivie d'une seconde proposition.

PRINCIPALE.
- La colère, sujet. — simple, parcequ'il n'est exprimé que par un seul nom commun. / incomplexe, parcequ'il n'a pas de complément.
- est, verbe. .
- un vice, attribut — simple, parcequ'il n'est exprimé que par un seul modificatif. / incomplexe, parcequ'il n'a pas de complément.

2° *Relative,* parcequ'elle est en rapport avec la proposition précédente « *la colère est un vice* », et que ce rapport est marqué par le pronom *le.*

RELATIVE. .
- Nous, sujet, . — simple, parcequ'il n'est exprimé que par un seul mot ; / incomplexe, parcequ'il n'a pas de complément.
- sommes, verbe. .
- devant, attribut. — simple, parcequ'il n'est exprimé que par un seul modificatif ; / complexe, parcequ'il a pour complément direct LE COMBATTRE.

3e PHRASE : Virgile, que l'on surnomme le Cygne de Mantoue, est un modèle d'élégance poétique.

Cette phrase renferme *deux* propositions.
1° Une Principale : *Virgile est un modèle d'élégance poétique ;*
2° Une Secondaire explicative : *que l'on surnomme le Cygne de Mantoue.*
1° *Une Principale,* parcequ'elle ne dépend d'aucune autre et qu'elle est suivie d'une seconde proposition.

- Virgile, sujet. . — simple, parcequ'il est exprimé par un seul nom propre. / complexe, parcequ'il a la proposition secondaire explicative pour modification.
- est, verbe.
- un modèle, attribut. — simple, parcequ'il n'est exprimé que par un seul modificatif. / complexe, parcequ'il a pour complément déterminatif l'élégance poétique

2° *Secondaire explicative ;* Secondaire, parcequ'elle commence par un relatif ;
Explicative, parcequ'on peut la retrancher sans altérer le sens général.

SECONDAIRE EXPLICATIVE
- L'on, sujet. . — simple, puisqu'il n'est exprimé que par un seul pronom indéfini. / incomplexe, puisqu'il n'a pas de complément.
- est, verbe. .
- surnommant, attribut — simple, puisqu'il n'est exprimé que par un seul modificatif. / complexe, puisqu'il a pour complément direct QUE (lequel Virgile) le cygne de Mantoue.

PROPOSITION

Suite du TABLEAU **B.**

II.

MODÈLES D'ANALYSE.

Iº ANALYSE FRANÇAISE.

4ᵉ PHRASE: *Le climat que j'habite est doux et salubre.*

Cette phrase renferme *deux* propositions.
1º Une Principale : *le climat est doux et salubre.*
2º Une Secondaire déterminative: *que j'habite.*

1º *Principale*, parcequ'elle ne dépend d'aucune autre et qu'elle est suivie d'une autre proposition.

Le climat, sujet. { simple, parcequ'il n'est exprimé que par un substantif commun.
{ complexe, parcequ'il a pour complément la proposition Secondaire déterminative qui le suit.

est, verbe.

doux et salubre, attri. { composé, parcequ'il est exprimé par deux modificatifs.
{ incomplexe, parcequ'il n'a pas de complément.

2º *Secondaire déterminative*; Secondaire, parcequ'elle commence par un conjonctif; Déterminative, parcequ'on ne saurait la retrancher, attendu qu'elle est absolument nécessaire pour compléter le sens.

SECONDAIRE déterminative.

Je, sujet. { simple, parcequ'il n'est exprimé que par un seul pronom personnel.
{ incomplexe, parcequ'il n'a pas de complément.

suis, verbe.

habitant, attribut. { simple, parcequ'il n'est exprimé que par un modificatif.
{ complexe, parcequ'il a pour complément direct le relatif QUE mis pour lequel climat).

5ᵉ PHRASE: *On rapporte au Consul que les poulets sacrés ne voulaient pas manger.*

Cette phrase renferme *deux* propositions.
1º Une Principale: *on rapporte au Consul ;*
2º Une Subordonnée: *QUE les poulets sacrés ne voulaient pas manger.*

1º *Principale*, parcequ'elle ne dépend d'aucune autre et qu'elle est suivie d'une autre proposition.

On, sujet. { simple, parcequ'il n'est exprimé que par un seul pronom personnel.
{ incomplexe, parcequ'il n'a pas de complément.

est, verbe.

rapportant, attribut. { simple, parcequ'il n'est exprimé que par un seul modificatif.
{ complexe, parcequ'il a pour complément la SUBORDONNÉE SUIVANTE.

2º *Subordonnée*, parcequ'elle est unie à la proposition principale par la conjonction *Que*, et que chaque proposition, prise isolément, n'offre pas un sens complet.

SUBORDONNÉE

Poulets, sujet. { simple, parcequ'il n'est exprimé que par un seul mot.
{ complexe, parcequ'il a pour complément qualificatif SACRÉS.

sont, verbe.

ne voulant pas, attri. { simple, parcequ'il n'est exprimé que par un seul modificatif.
{ complexe, parcequ'il a pour complément direct MANGER.

6ᵉ PHRASE: *Charles-magne apparut comme un météore brillant : quand il mourut, l'obscurité n'en fut que plus profonde.*

Cette phrase renferme *quatre* propositions.
1º Une Principale: *Charles-magne apparut ;*
2º Une Secondaire Elliptique: *comme un météore brillant paraît ;*
3º Une Secondaire Déterminative: *quand il mourut ;*
4º Une Secondaire Relative: *l'obscurité n'en fut que plus profonde.*

PROPOSITION

C

II.

MODÈLES D'ANALYSE.

I° ANALYSE FRANÇAISE.

1° *Principale*, parcequ'elle ne dépend d'aucune autre et qu'elle est suivie d'autres propositions.

Charles-magne, sujet. {simple, parcequ'il est exprimé par un seul substantif propre.
{complexe, parcequ'il a pour complément MAGNE (le grand).

fut, verbe.

apparaissant, attri. {simple, parcequ'il n'est exprimé que par un seul modificatif.
{complexe, parcequ'il a p. compl. COMME UN MÉTÉORE BRILLANT (apparaît)

2° *Secondaire Elliptique*; Secondaire, parcequ'elle commence par le conjonctif *comme*; Elliptique, puisqu'il y a *paraît* sous-entendu.

ELLIPTIQUE.

Météore, sujet. {simple, parcequ'il est exprimé par un seul substantif commun.
{complexe, parcequ'il a pour complément le modificatif BRILLANT.

est. verbe.

apparaissant, attri. {simple, parcequ'il est exprimé par un seul modificatif.
{incomplexe, parcequ'il n'a pas de complément.

3° *Secondaire Déterminative*; Secondaire, parcequ'elle commence par le conjonctif *quand*; Déterminative, parcequ'on ne saurait la retrancher, attendu qu'elle est absolument nécessaire pour compléter la phrase.

Quand

il, sujet. {simple, parcequ'il n'est exprimé que par un seul pronom personnel.
{incomplexe, parcequ'il n'a pas de complément.

fut, verbe.

mort, attribut. {simple, parcequ'il n'est exprimé que par un seul modificatif.
{incomplexe, parcequ'il n'a pas de complément.

4° *Secondaire Relative*; Secondaire, parcequ'elle n'occupe pas le 1er rang; Relative, parcequ'elle est en rapport avec la proposition principale, et que ce rapport est marqué par le mot *en*, c'est-à-dire qu'avant l'apparition du météore, *l'obscurité régnait;* que pendant le météore, l'obscurité fut dissipée, et que l'obscurité se fit plus profonde, quand le météore eut disparu.

L'obscurité, sujet. {simple, parcequ'il n'est exprimé que par un seul subst. commun.
{incomplexe, parcequ'il n'a pas de complément.

fut, verbe.

profonde, attribut. {simple, parcequ'il est exprimé par un seul modificatif.
{complexe, parcequ'il a pour complément PLUS et EN, c.-à-d., par suite de sa mort.

7° *PHRASE: Oh! qu'il meure? — Oui, qu'il meure!*

Il y a ici *six* propositions.

IMPLICITE. . . . .
{ 1° Une Implicite: *oh!* c.-à-d., *vous me surprenez.*
2° Une Principale elliptique: *vous voulez.*
3° Une Subordonnée: *qu'il meure.*
4° Une Implicite: *oui,* c.-à-d., *je le veux.*
5° Une Relative elliptique: *j'ordonne.*
6° Une Subordonnée: *qu'il meure.*

Ces phrases s'analysent comme les précédentes.

8° *PHRASE: L'homme que vous voyez,* est mon frère.
J'aime *chez un enfant la modestie qui est l'apanage de son âge.* Et autres analogues.

PROPOSITION

SUJETS et Compléments Logiques { sujet, { l'homme que vous voyez.
{ complé. { chez un enfant la modestie qui est l'apanage de son âge.

II.

MODÈLES D'ANALYSE.

I° ANALYSE FRANÇAISE.

9° PHRASE : On te louera; *mais tu te défieras des flatteurs.*

Cette phrase renferme *deux* propositions.
1° Une Principale: *on te louera.*
2° Une Coordonnée : *mais tu te défieras des flatteurs.*

1° *Une Principale,* parcequ'elle ne dépend d'aucune autre et qu'elle est suivie d'une seconde proposition.

PROPOSITION

On, sujet. { simple, parcequ'il n'est exprimé que par un seul mot.
{ incomplexe, parcequ'il n'a pas de complément.

sera, verbe.

louant, attribut. { simple, parcequ'il n'est exprimé que par un seul modificatif.
{ complexe, parcequ'il a pour complément TE.

2° *Une Coordonnée,* parcequ'elle est *unie* à la proposition Principale par le conjonctif *mais* dont elle est précédée.

COORDONNÉE. {
Tu, sujet. { simple, parcequ'il, etc.
{ incomplexe, parcequ'il, etc.

seras, verbe.

défiant, attribut. { simple, parcequ'il, etc.
{ complexe, parcequ'il a pour complément TOI DES FLATTEURS.

II° ANALYSE LATINE.

1re PHRASE : Turpe est mentiri.

Cette phrase renferme *une* proposition, laquelle proposition est *absolue;* *absolue,* parcequ'elle a par elle-même un sens complet et indépendant.

ABSOLUE. . {
Mentiri, sujet. { simple, parcequ'il n'est exprimé que par un seul mot.
{ incomplexe, n'ayant pas de complément.

est, verbe.

turpe, attribut. { simple, parcequ'il n'est exprimé que par un seul modificatif.
{ incomplexe, n'ayant pas de complément.

2° PHRASE: Da operam ut omnia sint parata.

Cette phrase renferme *deux* propositions.
1° Une Principale Elliptique: *da operam.*
2° Une Secondaire Déterminative elliptique: *ut omnia sint parata.*

1° *Une Principale,* parcequ'elle ne dépend d'aucune autre et qu'elle est suivie d'une seconde proposition ; *Elliptique,* parceque le *sujet TU* est sous-entendu.

PROPOSITION

PRINCIPALE. {
Tu, sujet. { simple, parcequ'il n'est exprimé que par un seul mot.
{ incomplexe, parcequ'il n'a pas de complément.

esto, verbe.

dans, attribut. { simple, parcequ'il n'est exprimé que par un seul modificatif.
{ complexe, parcequ'il a pour complément OPERAM et la proposition suivante.

2° *Une Secondaire,* parcequ'elle commence par une conjonction ; *Détermi-native,* parcequ'elle ne saurait être retranchée ; *Elliptique,* puisque le sujet *negotia* est sous-entendu.

SECONDAIRE. {
Negotia, sujet. { simple parcequ'il n'est exprimé que par un seul mot.
{ complexe, puisqu'il a pour complément OMNIA.

sint, verbe.

parata, attribut. { simple, parcequ'il n'est exprimé que par un seul modificatif.
{ incomplexe, puisqu'il n'a pas de complément.

Suite du TABLEAU **B.**

II.
MODÈLES D'ANALYSE.

II° ANALYSE LATINE.

5° PHRASE : *Quos ego. . . . sed motos præstat componere fluctus.*

Cette phrase renferme *deux* propositions.
1° Une Principale Elliptique : *quos ego . . .*
2° Une Coordonnée : *sed motos præstat componere fluctus.*

1° *Une Principale*, parcequ'elle ne dépend d'aucune autre et qu'elle est suivie d'une seconde proposition ; *Elliptique*, parcequ'elle a le verbe sous-entendu *deberem castigare.*

PROPOSITION

PRINCIPALE ELLIPTIQUE

- Ego, sujet. { simple, parcequ'il n'est exprimé que par un seul mot. / incomplexe, parcequ'il n'a pas de complément.
- essem, verbe.
- debens, attribut. { simple, puisqu'il n'est exprimé que par un seul attribut. / complexe, puisqu'il a pour complé. CASTIGARE QUOS (mis pour VOS).

2° *Une Coordonnée*, puisqu'elle commence par le *conjonctif SED* qui l'unit à la proposition *principale.*

COORDONNÉE

- Componere, sujet. { simple, parcequ'il n'est exprimé que par un seul mot. / complexe, parcequ'il a pour complément FLUCTUS MOTOS.
- est, verbe.
- præstans, attribut { simple, parcequ'il n'est exprimé que par un seul modificatif. / incomplexe, parcequ'il n'a pas de complément.

4° PHRASE : *Quem librum si leges, lætabor.*

Cette phrase renferme *deux* propositions.
1° Une Principale Elliptique : *lætabor.*
2° Une Relative Elliptique : *quem librum si leges.*

1° *Une Principale*, parcequ'elle ne dépend d'aucune autre et qu'elle est suivie d'une seconde proposition ; *Elliptique*, parceque son sujet *ego* est sous-entendu.

PRINCIPALE ELLIPTIQUE

- Ego, sujet. { simple, parcequ'il, etc. / incomplexe, parcequ'il, etc.
- ero, verbe.
- lætans, attribut. { simple, parcequ'il n'est exprimé que par un seul modificatif. / complexe, parcequ'il a pour complément sous-entendu QUÒD LEGES HUNC LIBRUM.

2° *Une Relative*, parcequ'elle est en rapport avec la proposition Principale *lætabor*, et que ce rapport est marqué par la conjonction conditionnelle *si* ; *Elliptique*, parceque le sujet *tu* est sous-entendu.

RELATIVE ELLIPTIQUE.

- Tu, sujet. { simple, parcequ'il, etc. / incomplexe, parcequ'il, etc.
- eris, verbe.
- legens, attribut. { simple, parcequ'il n'est exprimé que par un seul modificatif. / complexe, puisqu'il a pour complément QUEM LIBRUM.

NOTA. — Dans ces Tableaux tout élémentaires, on ne s'est proposé que de simplifier le travail des Elèves et de mettre de l'unité dans l'enseignement de l'Analyse. . . .